JUSTICE DU PEUPLE

OU

L'ÉLECTION BLANQUI

A BORDEAUX

PAR

ERNEST ROCHE

BORDEAUX
IMPRIMERIE MODERNE, FAURE
31, RUE DES AUGUSTINS, 31
1879

LA

JUSTICE DU PEUPLE

OU

L'ÉLECTION BLANQUI

A BORDEAUX

PAR

ERNEST ROCHE

BORDEAUX
IMPRIMERIE MODERNE FAURE
31, RUE DES AUGUSTINS, 31
1879

AVIS DE L'ÉDITEUR

Je tiens à la disposition des libraires des dépôts de l'ouvrage avec réduction de prix chez moi, rue des Menuts, 66.

On peut aussi s'adresser chez l'auteur, rue des Pommiers, 45.

F. LARNAUDIE,

Libraire-Éditeur, à Bordeaux,
rue des Menuts, 66.

LA JUSTICE DU PEUPLE

OU

L'ÉLECTION BLANQUI A BORDEAUX

La France et l'Europe viennent d'être saisies d'étonnement au spectacle de Bordeaux élisant Blanqui.

Bordeaux, la ville coquette, la ville calme par excellence, la cité des Sybarites et des jouisseurs, et qui, rompant avec tout un passé de modération et de tiédeur, s'est prise subitement d'une ardeur inconnue, d'une exaltation sublime, en faveur d'un homme que presque tout le monde oubliait, que la plupart ne connaissaient pas, et qui, depuis 40 années, expie dans l'obscurité des prisons le crime irrémissible d'aimer et servir le peuple.

Comment cela s'est-il fait? se demande-t-on.

C'est précisément pour répondre à cette curiosité légitime que j'entreprends de faire l'historique de la campagne électorale. Ayant été moi-même un des principaux acteurs de ce drame, je puis, mieux qu'un autre peut-être, en raconter toutes les péripéties et je promets de m'acquitter de cette tâche, en historien sincère et impartial.

Pour tout au monde, je ne voudrais pas qu'on crût un seul instant, que je prends la plume dans le but de réfuter un opuscule grossier, déjà paru, et traitant le même objet. L'ignorant qui l'a écrit ne mérite pas qu'on réponde à des insanités que la rage d'une honteuse défaite explique mais n'excuse point. Quand un homme ose prendre le ton sérieux pour vous dire que Blanqui est un idiot et que Germond est un aigle, on ne discute pas, on sourit.

Dans le courant de ce récit, je serai obligé sans doute de placer pour la clarté du sujet, des personnalités amies et adverses. Je promets de parler des unes et des autres avec la plus entière franchise et de n'avoir pas plus de flatteries pour les premières que je n'aurai d'aigreur pour les secondes. D'ailleurs, l'immense éclat d'une manifestation aussi grandiose ne saurait permettre qu'on attachât beaucoup d'importance aux chétifs personnages qui ont pu y prendre part. Nous ne sommes pas amoureux des personnalités quelles qu'elles soient, et, dans cette élection justicière, Blanqui lui-même ne vient qu'après la haute question de principe que le peuple a voulu affirmer sur son nom vénéré.

I.

Avant la période électorale.

C'est par une matinée pleine de soleil qu'eut lieu l'enterrement civil du vieux Simiot, député de la première circonscription de Bordeaux. Une foule innombrable suivait le corps. On voyait là toutes les nuances républicaines : orléanistes déconfits et libéraux, républicains opportunistes, modérés, radicaux, puis, mais personne ne songeait à eux, les ouvriers révolutionnaires et socialistes, venus aussi, pour protester par leur présence contre l'ennemi commun : le prêtre ! Le cimetière fut envahi. Plusieurs discours furent prononcés sur la tombe, un entre autres, par le citoyen Métadier, conseiller général, futur candidat.

Les groupes revenaient animés, contrits, satisfaits, selon les passions diverses dont ils étaient possédés. La loi d'affinité existe aussi bien pour les hommes que pour les molécules d'une substance quelconque. Aussi voyait-on se réunir, presque sans se chercher, tous les citoyens d'une opinion semblable, et, dans chacun de ces comités informes, tout en exprimant la satisfaction d'avoir vu tant de monde s'associer à la manifestation anti-cléricale de la matinée, on parlait déjà, mais bien vaguement, du remplaçant qu'il faudrait trouver pour occuper le siége de celui qui n'était plus.

J'étais présent, je marchais avec les ouvriers révolutionnaires et quelques radicaux, et j'affirme qu'il ne vint à aucun de nous l'idée de songer à Blanqui. Pour ma part, je considérais (combien grande était mon erreur), je considérais cette circonscription comme acquise à l'opportunisme; je savais que Raynal avait balancé Simiot aux dernières élections et je ne doutais pas que si la *Gironde* le présentait il ne passât avec une majorité écrasante. En fait de radicaux, je n'en voyais aucun qu'on pût lui opposer; et pour ce qui est de la candidature ouvrière, je craignais fort que les ouvriers ne s'entendissent point, faute d'argent et d'organisation pour la faire triompher, ou pour lui faire obtenir une minorité qui ne fut point ridicule.

Parmi nous, quelques-uns parlaient d'abstention. L'abstention me répugne absolument, et, bien que je n'eusse jamais trouvé leurs raisons aussi bonnes, je ne pouvais souscrire à ce que je considérais comme un suicide politique.

Dans le parti modéré, tout me porte à croire que la même incertitude régnait, avec cette différence que, sûrs du succès, ces messieurs de l'opportunisme n'avaient d'embarras que dans le choix des candidats, tandis que nous, nous ne voyions personne parmi nous d'un talent oratoire suffisant et d'une rectitude de principe acceptable par tous.

Devenir la proie de la *Gironde*, nous nous y attendions tous; un découragement naquit de cette situation, et c'est ce découragement qui nous a sauvés.

II.

Les candidatures se dessinent.

Le nom de Lavertujon fut prononcé. La *Gironde* avait démasqué ses batteries. A tort ou à raison, ce nom souleva de nombreuses et d'excessives répugnances. Je ne connais de Lavertujon que ce que j'ai lu de lui, et je ne l'ai entendu qu'à une réunion publique. Il m'a paru très-versé dans la science politique, et je le considérais comme un adversaire redoutable. Il avait ou il semblait avoir dans ses affirmations une grande franchise. J'ai constaté qu'il ne recherchait pas précisément les applaudissements du nombre; il visait à avoir pour lui la bourgeoisie, sachant que cette circonscription en majeure partie est acquise à l'élément commercial. Quoi qu'il en soit, son argumentation était claire, pressante, éclairée par une connaissance parfaite des questions politiques, mais ses principes, qu'il défendait avec un véritable talent, m'ont paru être diamètralement opposés aux principes républicains, quoi qu'il en prît l'étiquette.

On parlait aussi de Métadier, très-connu dans la circonscription, très-estimé comme médecin, mais sur lequel planait,comme une épée de Damoclès, ce reproche d'avoir été patronné par la *Gironde*, en opposition avec Paulet, auquel il parvint à faire échec lors des élections au Conseil général.

En outre de cela, le docteur Métedier manque absolument des facultés oratoires, ses principes républicains sont ceux-là même que personne ne définit : ni radical, ni opportuniste, essayant de tenir un juste milieu entre les opinions reçues et ne satisfaisant personne pour déplaire à presque tous.

Un certain nombre de radicaux, ne trouvant pas suffisant le candidat Métadier, jetèrent les yeux sur Octave Bernard. Même nuance que ce dernier; s'exprimant avec plus de facilité, mais laissant son public, après avoir parlé, se demander ce qu'il avait pu vouloir dire. Aucune argu mentation, des lieux communs bien dits, des gestes d'avo cat, des principes incolores et répondant à ceux qui lu i reprochaient ses votes pour le maintien des procession is et pour l'allocation des fonds aux constructions d'églis is, qu'il n'était qu'un neuvième dans l'administration m unicipale et qu'un neuvième ne pouvait agir comme in entier aurait pu le faire.

D'un c ôté, le candidat de la *Gironde*, que les républicains sin cères répudiaient absolument, de l'autre, deux hommes c 'une insuffisance notoire et d'une affirmation de princip es si timide, que les partisans résolus d'une politique r épublicaine se promettaient pour la plupart de ne voter pc ur aucun des candidats en présence.

Des réuni ons privées furent tenues par les divers groupes soutenai it ces trois candidatures ; des délégués furent nommés, do ize par cantons, pour préparer le terrain électoral. Nui le entente n'était possible, d'ailleurs, car chacun des dé légués avait ses vues portées sur tel ou tel, et nul n'était d isposé à faire abnégation de ses préférences en faveur d e tel autre. Un conflit était imminent, et comprenant ent in qu'il était plus logique et plus honnête d'avouer des pré tentions arrêtées que de perdre du temps à se tromper mut uellement, chaque groupe se désagrégea des autres et forma son Comité à part, ayant pour drapeau chacun, i ion un principe, mais un homme; il n'était question dai is le corps électoral que des candidats Lavertujon, Octave Bernard et Métadier.

Nul ne songeait à Blanqui. Je me trompe et je ne veux pas, même par mode stie, commettre une erreur.

III.

Blanqui et les ouvriers.

Depuis l'apparition du journal *Le Prolétaire*, un mouvement nouveau, mais tout à fait inaperçu, se produisait à Bordeaux. Quelques ouvriers disséminés çà et là, s'occupant isolément de la question politique et sociale, se réunirent dans le but de provoquer une réunion privée (conférence), pour venir en aide au *Prolétaire* et pour lui procurer des abonnés. Ce groupement des forces révolutionnaires éparses ne s'opéra pas sans laisser des fruits. On se revit, on discuta, on étudia certaines questions et l'on comprit enfin la force immense qu'on était capable de produire si l'on parvenait à se grouper. C'est au milieu de ces préoccupations que les élections arrivèrent. Plusieurs d'entre nous faisaient partie des délégations cantonales, et nul ne consentait à appuyer l'une quelconque des candidatures annoncées.

La fable chrétienne raconte que Jésus naquit dans une étable.

Nous pouvons dire, avec plus de fierté, que l'élection dont le monde politique se préoccupe avec tant d'intérêt, est née dans un pauvre atelier de graveur et a grandi entre la forge et l'enclume d'une modeste serrurerie.

— Décidons-nous pour Octave Bernard, me disaient quelques-uns.

— Prenons plutôt Métadier, répondaient les autres.

— Prenons quel qu'il soit, mais faisons échec à la *Gironde*.

— Abstenons-nous et recommandons l'abstention, c'est la seule mesure qui puisse convenir à nos principes, etc.

Tel est le résumé des conversations journalières qui, dans mon atelier, transformé en véritable club, se croisaient incessamment.

— Si nous portions Blanqui ? dis-je à un ami, ne serait-ce pas faire acte de vrai révolutionnaire? ne serait-ce pas faire réellement échec à la *Gironde*, en opposant principe à principe, plutôt que personnalité à personnalité ?

Blanqui !... la plupart ne le connaissaient que de nom, et moi-même, qui jetais son nom en avant, je me le représentais un peu comme un de ces êtres fantastiques grossis par la légende ; son long emprisonnement, son héroïsme incomparable, ses luttes à main armée contre toutes les monarchies et toutes les réactions bourgeoises, son martyre, le dessinaient à mon esprit comme la personnification vivante de toutes les misères, de toutes les douleurs que le prolétariat subit.

Ce fut un mot d'ordre. A tous ceux qui parlaient d'élection nous ne répondions que ce mot Blanqui !

— Vous êtes fou ! nous disait-on, Blanqui est inéligible. — Vous faites le jeu de la *Gironde*. — Vous n'aurez pas 500 voix. — Et de l'argent, où en prendrez-vous ? — La deuxième circonscription qui est radicale n'élirait pas Blanqui; comment osez-vous espérer quelque chose dans la première qui est essentiellement opportuniste? Voyez Lyon, Marseille, Paris même, où Blanqui n'a obtenu qu'une minorité dérisoire. Voulez-vous faire à cet homme illustre l'affront de lui infliger un nouvel échec ? et quel échec !.. etc., etc.

Les récriminations pleuvaient.

Dans le monde d'en haut on ne s'occupait pas plus de nous que si nous n'eussions jamais existé.

L'idée germait pourtant! Deux choses nous embarrassaient : Qui défendrait la candidature ? et avec quel argent la soutiendrions-nous ?

Pour résoudre la première, je m'adressai au citoyen Bertin et lui proposai, puisque nous ne faisions, ni l'un ni l'autre, partie de la circonscription, de conduire la campagne électorale au moyen de réunions privées. Mais hélas ! les objections contre la candidature avaient trouvé chez lui plus de créance que les raisons que je m'efforçais de lui donner pour qu'elle eut lieu. Il y avait entre nous cette différence que, considérant les chances de succès et les trouvant nulles, il s'opposait formellement à toute tentative.

Moi, au contraire, qui ne visais qu'à poser audacieusement le principe révolutionnaire en présence de toutes ces prétentions bourgeoises, il m'importait peu qu'il y eût chance de réussite ou non.

Nous ne pûmes pas nous entendre, et peu s'en fallut que la candidature Blanqui ne fût abandonnée.

Pour ce qui est de la question des finances, nous étions tous plus pauvres les uns que les autres, et le découragement qui s'emparait des hommes de notre parti, nous donnait lieu de craindre que les listes de souscription, que nous avions l'intention de faire circuler, ne produisissent pas une somme suffisante pour couvrir les frais.

Bah ! disaient les ouvriers, pleins d'entrain et de dévouement, nous collerons les affiches nous-mêmes après la journée. Au lieu de mille, nous n'en ferons faire que trois cents, et si nous n'avons pas assez pour les faire imprimer sur un grand format, nous les commanderons toutes petites ! Le principal (inquiétude touchante et qui démontre que le cœur du peuple renferme plus d'honnêteté que la bourse des exploiteurs ne renferme de monnaie), le principal, c'est que nous ne commandions rien chez l'imprimeur sans avoir la certitude de pouvoir le payer.

Voilà sous quels auspices honnêtes se préparait cette manifestation, si humble à son début et si gigantesque dans ses conséquences.

IV.

Commencement d'organisation.

Une réunion préparatoire, tenue à l'Athénée et provoquée par les partisans d'Octave Bernard, détermina l'explosion de la candidature Blanqui, voici comment :

Le président proposa de présenter les divers candidats au choix de la réunion. Une foule de noms furent mis en avant :

Lavertujon, Octave Bernard, Métadier, Raulin, Jouffre, Gilbert-Martin, Vezinaud et Ernest Roche.

Notre groupe faisait retentir la salle du nom de Blanqui ! On crut nous insulter en nous traitant de révolutionnaires et en nous prédisant que nous n'obtiendrions qu'un nombre de voix dérisoire.

Le citoyen Mourat demanda la parole. Il lut un discours plein de sentiment dans lequel il s'attacha à démontrer la nécessité de protester contre la détention cruelle du martyr de Clairvaux. Les acclamations recommencèrent, au scandale de la plupart des assistants, qui venaient là dans le but de se prononcer pour une des candidatures réputées sérieuses, celles de Métadier, Octave Bernard ou Lavertujon.

Le citoyen Marautex proposa la candidature ouvrière et jeta en avant les noms de Vezinaud, ouvrier cordonnier et le mien.

Je ne refusai pas précisément, mais je déclarai me réserver pour une réunion prochaine, à cause d'une extinction de voix qui ne me permettait pas de me faire entendre à distance.

Le plan d'action, les circonstances venaient de nous le procurer.

Former un Comité, nous rendre à la première réunion publique que nos adversaires allaient donner, me présenter au titre de candidat, développer le programme révolutionnaire sans restriction, et terminer par un désistement en faveur de Blanqui.

Je dis cela ici, sans détour, parce que je n'accepte pas qu'on me fasse un mérite de cet effacement qui ne fut qu'une tactique de guerre. La candidature ouvrière, je ne l'eusse pas acceptée dans les conditions où elle m'était offerte, et je suis bien aise de dire à ce sujet quelques mots qui pourront expliquer la conduite des travailleurs et la mienne en particulier à l'occasion de la candidature Castaing (Pierre).

L'ignorant dont j'ai fait mention au commencement de cette brochure, prétend que nous nous sommes opposés à la candidature ouvrière. C'est faux. Il n'y a pas eu de candidature ouvrière à Bordeaux depuis celle du citoyen Dumas. Les bourgeois, partisans du régime d'autorité, ont l'habitude, en conciliabule secret, de désigner celui d'entr'eux qui doit représenter leur caste au Parlement et gouverner le peuple. Les ouvriers agissent tout différemment. Ce n'est pas un gouvernant qu'ils prétendent envoyer à la Chambre; ce n'est pas l'homme qui, choisi pour des qualités personnelles, étale un programme plus ou moins radical selon le public qu'il veut séduire, reçoit un mandat dont il ne rendra compte à personne et mystifie les malheureux qui, dans un moment d'enthousiasme, lui ont concédé un pouvoir qui n'appartient qu'à la collectivité des citoyens.

Quand les ouvriers, lassés de donner leur confiance à ce tas de personnalités malhonnêtes, qui, sous prétexte de les protéger et de les conduire, aggravent leurs maux, voudront désigner un des leurs comme porte-paroles de leurs revendications et de leur volonté, ils s'assembleront, discuteront, rechercheront les causes de leur misère et de leur avilissement, et après avoir formulé une décision prise dans cette réunion aussi nombreuse qu'il sera possible de la faire, ils désigneront celui-là qui devra être leur organe. *Ils délégueront* un ouvrier comme eux auquel ils imposeront la conduite qu'il doit tenir. Si ce délégué ne se sent ni la force, ni le courage, ni le talent d'être leur interprète, ils en chercheront un autre. Et cet homme, muni d'un mandat impératif, fort de la force collective, grandi par la mission justicière dont l'aura honoré l'estime de ses compagnons de travail et d'infortune, pourra se présenter devant le corps électoral et dire : « Je suis une candidature ouvrière. »

Hors de là, il n'y a que des personnalités ambitieuses, des charlatans politiques, des réactionnaires.

L'ignorant en question pourrait-il dire dans quelle assemblée d'ouvriers a été choisi Castaing (Pierre) ? Pourrait-il donner connaissance du mandat offert à ce candidat et accepté par lui ? Pourrait-il nous désigner les réunions publiques où son programme a été développé, discuté, accepté ?...

Non, il n'y a pas eu de candidature ouvrière. Un individu, cordonnier de profession, a eu la faiblesse de prêter l'oreille aux insinuations flatteuses d'un intrigant de bas étage, qui ne cherchait qu'à le perdre. Des journaux opportunistes, intéressés à jeter la perturbation dans nos rangs et à faire échec au citoyen Louis Mie, ont encouragé ce désordre. Nous avons protesté, c'était notre devoir. Le corps électoral a fait justice de ces menées dont le but évident était de compromettre une cause sainte, et les groupes ouvriers, les chambres syndicales, ont chassé de leur union, comme indignes, instigateur et candidat. A toutes ces flétrissures il en manquait une, celle d'être défendu par un parent des Lavertujon, par un opportuniste fieffé, par un ennemi des travailleurs, par cet ignorant qui nie la question sociale, qui injurie Blanqui et qui soufflette le suffrage universel. Aujourd'hui, rien ne manque à la gloire de cette candidature grotesque qu'on a eu le front de décorer du nom de candidature ouvrière, l'homme de la *Gironde* lui a donné son baiser ! Mépris sur elle !

Mais laissons ces platitudes retomber dans l'obscurité d'où elles n'auraient jamais dû sortir et reprenons notre récit au point où nous l'avons laissé.

Une réunion fut provoquée par les partisans de la candidature Blanqui dans l'atelier de serrurerie du citoyen Ménard.

Une discussion assez vive s'éleva sur l'opportunité de cette candidature.

Les principaux meneurs du prétendu parti radical de la première circonscription de Bordeaux se déclarèrent ouvertement hostiles à cette idée. Ils oubliaient que ce parti était mort, tué par son illogisme, et que sur ses débris croissait, inaperçu, mais vigoureux, le parti révolutionnaire. Les ouvriers présents à cette réunion déclarèrent obstinément vouloir planter le drapeau des revendications populaires, des protestations multiples contre les agissements d'un gouvernement qui foulait aux pieds toutes les lois de la morale et de la justice. Aux objections pressantes qui leur étaient faites sur la pénurie des moyens de soutenir la lutte, je dois avouer que les braves cœurs qui étaient là, inconséquents, de cette inconséquence qui ne mesure pas les obstacles, quand un grand but est à atteindre, ne répondaient rien ou très-peu de chose : — « Nous ferons comme nous pourrons, le principal est de déployer notre drapeau et de marcher de l'avant. » —

Les soi-disant radicaux s'esquivèrent mécontents, railleurs, le dédain sur les lèvres. Les révolutionnaires, en très-petit nombre, s'inscrivirent sur le registre membres du comité. A grand'peine on parvint à composer un bureau. C'était à qui n'accepterait aucune fonction, tant il y avait d'incertitude dans l'avenir de notre œuvre.

Le citoyen Cairon fut désigné président; Mourat, secrétaire; Perbos, trésorier; Ménard et Maurin, vice-présidents, et Castaing (Jean), secrétaire-adjoint.

Riches d'illusions, d'espérance et de volonté, nous n'avions pas le premier sou pour commencer notre entreprise. Chacun de nous se munit d'une liste de souscriptions et se mit en quête de recueillir dans son atelier et parmi ses amis les offrandes qui devaient servir à pourvoir aux frais de l'élection. On chercha aussi un local pour y installer le Comité. On nous demandait des prix exagérés pour la durée de la période électorale et pendant les huit premiers jours, nous battions le pavé cherchant un domicile. Dans l'impossibilité de trouver quelque chose en rapport avec nos ressources, nous eûmes recours à la générosité du citoyen Ménard, qui offrit son atelier à titre gratuit pour servir de résidence au Comité Blanqui. On dérangea les outils, et en un tour de main l'installation improvisée, mais pittoresque du Comité fut achevée. Un drapeau fut placé au-dessus de la porte et une grande enseigne faite d'un morceau de tôle sur lequel on avait écrit : « Comité Blanqui » fut placée sur le toit de la maison. Nous existions : il fallait agir.

V.

Les hostilités commencent. — Réunions

La première hostilité vint de la part du journalisme. Pourquoi s'en étonner ? tant que la liberté de la presse n'existera pas, c'est-à-dire, tant qu'il sera interdit au pauvre de confier au papier ses plaintes, ses misères, son indignation ; tant qu'un gouvernement exigera que, pour avoir la faculté d'écrire, il faille déposer d'abord 12,000 francs de cautionnement, cette sombre parole de Lamennais se présentera comme une sentence fatale : « Silence aux pauvres ! »

Jamais les travailleurs, dépouillés par la loi sur l'internationale, de la faculté de se grouper pour défendre leurs intérêts communs, ne possèderont les 12,000 francs nécessaires pour subvenir aux exigences de l'autorité ; 12,000 francs ! c'est une fortune, et ce n'est pas sou par sou, pendant qu'à la maison la hûche est vide, que l'armoire au lieu d'être bourrée de linge, ne renferme que des liasses de reconnaissances du Mont-de-Piété, pendant que la misère sinistre s'est assise au foyer domestique, ce n'est pas sou par sou qu'on arrive à posséder une pareille somme.

Les journaux quotidiens sont donc, et seront toujours, du moins tant que le cautionnement existera, entre les mains d'une bourgeoisie plus ou moins libérale, mais dont les intérêts sont diamètralement opposés à ceux du prolétariat.

Le secrétaire Mourat fut chargé de communiquer aux journaux un compte-rendu de notre réunion annonçant que le comité Blanqui était organisé et avait son siége, cité Bardineau, n° 1.

Les journaux n'insérèrent pas cette note. Décidément on ne nous prenait pas au sérieux. « Tant mieux » : Bonne occasion pour protester et faire savoir au public notre existence et nos desseins.

Le Comité vota l'impression et l'affichage de 300 petits placards, tout petits, ainsi conçus :

COMITÉ ÉLECTORAL BLANQUI

En présence du mauvais vouloir de la presse opportuniste (*Victoire et Gironde*), qui a refusé d'insérer l'annonce de l'existence du comité Blanqui,

. Les citoyens partisans de cette candidature sont informés que le comité chargé de la soutenir est organisé et a son siége rue Saint-Laurent, passage Bardineau, 1.

Pour le comité :

Le Trésorier,	*Le Secrétaire,*	*Le Président,*
Perbos.	A. Mourat.	Cairon.

Nota. — Le comité est en permanence de midi à dix-heures du soir.

La *Gironde* prit une attitude diplomatique :

« Nous n'avons rien reçu du Comité Blanqui, dit-elle; nous n'avons rien à lui refuser, et nous sommes complétement ignorants de ce dont on nous accuse », etc., etc., Le ton patelin lui convenait parfaitement et voici pourquoi. La *Gironde* ne nous craignait en aucune façon ; elle savait qu'aucune de ses voix ne serait distraite au profit de Blanqui. Elle souhaitait notre apparition, persuadée que nos suffrages se recruteraient uniquement parmi les radicaux mécontents des candidats Octave Bernard ou Métadier et parmi les ouvriers. Les voix obtenues par ces deux candidats seront diminuées d'autant plus que Blanqui en aura davantage, se disait-elle, tandis que Lavertujon conservera son noyau que rien peut entamer.

Ce raisonnement assez logique explique pourquoi, au premier tour de scrutin, la *Gironde* ne se déchaina point contre nous.

Ainsi que le comportait notre plan de lutte, nous nous rendîmes à la première réunion publique, tenue à l'Alhambra, et provoquée par le Comité Octave Bernard. L'ordre dans lequel les candidats devaient prendre la parole fut tiré au sort. Le citoyen Vezinaud fut désigné le premier, Roche le second, Lavertujon, Octave Bernard, Métadier et Joufre ensuite.

Le citoyen Vézinaud étant absent, je dus commencer. J'avais affaire à une assemblée essentiellement bourgeoise. Le négoce, la finance, la bureaucratie, en formaient les trois-quarts, les ouvriers composaient l'autre quart. Tant mieux ! L'exposition de nos principes ne pouvait que faire éclat.

En effet, mon discours ne put marcher qu'avec peine à travers le tumulte croissant des murmures, des protestations, des applaudissements. Les cris : assez ! assez ! partaient de tous les points de la salle.

Le président, sur le vote formel de l'assemblée, finit par me retirer la parole.

Je saluai en souriant et me retirai. Les autres orateurs ne purent se faire entrendre. Les partisans de Blanqui, quoique en petit nombre, ne tolérèrent pas l'intolérance de leurs adversaires. Lavertujon ne put placer un mot; les phrases creuses d'Octave Bernard n'eurent aucun écho; Métadier passa inaperçu et Jouffre ne dut la complaisance du public qu'à l'insignifiance de son discours.

Depuis ce moment, le nom de Blanqui ne fut prononcé dans aucune réunion publique. Nous en organisâmes de privées. La première eut lieu à l'établissement du Petit-Fresquet. Un courant commençait à s'établir et nous vîmes avec plaisir le citoyen Bertin, d'abord dissident, venir offrir son concours à cette réunion, et continuer depuis cette époque à servir chaleureusement la cause qu'il venait d'embrasser.

Le citoyen Bertin est un charmant causeur, plein de saillies spirituelles, et suppléant à l'éloquence proprement dite, par une diction heureuse, que colore parfois une énergie vigoureuse et brillante. Les services qu'il a rendus à la candidature Blanqui, avec un désintéressement qu'on ne saurait trop louer, lui ont acquis l'estime des ouvriers que sa qualité d'avocat retenait dans une quasi-méfiance.

Un autre champion se déclara spontanément pour notre cause, et n'a pas manqué depuis d'assister et de parler à toutes les réunions données par le Comité, je veux parler du citoyen Larnaudie.

Le citoyen, ou mieux, comme nous l'appelons, le père Larnaudie, est un vieillard, pauvre, plus que pauvre même, privé d'instruction, mais doué d'une vaste mémoire et d'une remarquable lucidité de jugement. Correct dans son langage, sans prétention à l'éloquence il exprime ses pensées avec beaucoup de calme, de clarté et de méthode. Il possède un arsenal d'expressions pittoresques qui n'appartiennent qu'à lui.

Le père Larnaudie excelle dans la critique des personnalités. Il s'est fait dans son pays, à Brives, de nombreux et puissants ennemis parmi les opportunistes. On se plait à l'appeler « le père la sociale » à cause de ses principes révolutionnaires, et le système de dénigrement dont on a usé à son égard, l'oblige à porter dans des villes où il est moins connu son infortune méprisée. Il est devenu le bélisaire de la démocratie pour laquelle il a combattu et souffert.

Parler de moi serait superflu, la franchise que je mets à écrire cette brochure me dispense du reste.

Tel est, en fait d'orateurs, le personnel qui entre dans l'arène politique pour défendre la candidature Blanqui. Dès cette première réunion, assez nombreuse (1,200 personnes environ), le public nous montra quelques sympathies. Un calme et un ordre parfaits régnèrent dans tout le courant de la séance, et étaient bien faits pour démontrer aux plus aveugles que ces ouvriers aux mains rustiques, aux bras de fer, aux cœurs généreux, ces hommes à l'apparence si rude, savent prouver par la dignité de leurs assemblées et par la gravité des questions qui s'y agitent, qu'ils sont les plus sérieux et les plus sages, en même temps que les plus humains et les plus justes.

Aucun journal local ne parla de cette réunion. Seuls, le *Prolétaire* et la *Révolution française* insérèrent le compte-rendu. D'ailleurs, nous avions, dès le premier refus, résolu que, quoi qu'il arrivât, les journaux opportunistes ne recevraient de nous aucune communication.

Notre cause étant celle des opprimés, des souffrants, des déshérités de la société qui nous gouverne, nous n'avions que faire de nous lier à un journalisme privilégié, autoritaire, et dont la moralité politique consiste à vendre au plus offrant les injures ou les louanges à tant la ligne.

VI.

Nos moyens d'action.

Une semaine seulement nous séparait du jour du vote. Tous les soirs, nous nous réunissions dans l'atelier du citoyen Ménard et, seuls, livrés à nous-mêmes, sans qu'aucun secours étranger fût venu s'offrir, nous délibérions sur les moyens de poursuivre la lutte. Nos moyens d'action étaient bien faibles. Les portes des réunions publiques étaient closes pour nos orateurs. Nous n'avions pas assez de temps pour organiser un nombre suffisant de réunions privées, ni d'argent pour payer des hommes chargés de faire des lettres de convocation et de les distribuer à domicile.

C'était un spectacle bien digne d'intérêt que nos conciliabules. Une quinzaine d'hommes obscurs, dont personne n'avait entendu parler, sans notoriété publique, se réunissaient après une journée de travail pénible, apportant dans les discussions une franchise, un désintéressement, qui n'appartiennent qu'à ceux qui, exempts de craintes ou d'espérances ambitieuses, n'ont qu'un objectif : le triomphe d'une idée. Aucune méfiance ne régnait parmi nous. Chacun savait que son voisin, même en le contrariant par l'exposé d'une opinion contraire, cherchait, non point à faire prévaloir son idée, mais uniquement à augmenter les chances de succès d'une cause également chère à tous. Nous marchions la main dans la main, unis comme des frères, et laissant à chacun, sans jalousie, prendre la tâche que ses aptitudes lui permettaient de remplir.

Pour obvier au manque de journaux, on proposa de faire circuler de petites feuilles de papier contenant un appel aux électeurs, et qu'on distribuerait à profusion dans tous les ateliers, dans les auberges, partout où les ouvriers se réunissent. On s'appliqua à faire vibrer dans cet écrit ces cordes généreuses que possède le cœur du peuple et qui peuvent, en enflammant l'enthousiasme, produire des dévouements héroïques inconnus des âmes blasées.

Voici, tel qu'il fut accepté, l'appel que nous fîmes imprimer à 10,000 exemplaires :

COMITÉ ÉLECTORAL BLANQUI

Citoyens électeurs,

Au nom de l'humanité et de la justice, nous vous convions à voter pour le citoyen Blanqui.

Blanqui ! dont toute la vie à été un permanent sacrifice à la cause sacrée de la République et de la Liberté, et qui partagea avec Barbès et Raspail leurs travaux et leurs souffrances.

On ne peut retracer sans émotion la vie douloureuse de ce martyr du peuple qui, à l'âge de vingt-ans, sur une barricade, versait déjà son sang pour la défense de nos droits, et dont les services et le dévouement sans réserve ne lui ont valu que brisements et déchirements de cœur ; que l'exil ou la prison ; qu'une renommée atroce, une légende d'ignominie.

Il y a plus de *quarante ans* que cet homme extraordinaire traîne de cachot en cachot, son corps meurtri et sa vaste intelligence.

Aujourd'hui, encore, nous assistons à ce spectacle étrange : de voir le plus ardent apôtre de la République sous les verrous, martyrisé à *soixante-quatorze ans*, sous un régime républicain, tandis que les spadassins du 16 mai sont poliment graciés par nos gouvernants politiques, et vont, en liberté, jouir des millions qu'ils ont extorqués à la France.

Quel crime reproche-t-on à Blanqui...... Est-il impliqué dans la Commune ? — Non !.... Son crime c'est son dévouement à la cause du prolétariat dont il a partagé la misère et les souffrances ; son crime, c'est son talent incomparable qui le rend redoutable pour les ennemis du peuple ; son crime, c'est de s'appeler Blanqui !

A nous, citoyens, de lui ouvrir les portes de son cachot. Ne croyez pas que Blanqui élu, la Chambre des députés oserait faire au suffrage universel l'affront de lui renvoyer son mandataire.

En le nommant, nous aurons doté la République d'un défenseur héroïque ; nous aurons accompli un grand acte de justice, d'humanité, et chacun de nous aura la satisfaction intime d'avoir accompli un devoir sacré !

Vive Blanqui !!.... Vive la République !!

Pour le comité :

Le Trésorier,	*Le Secrétaire*,	*Le Président*,
PERBOS.	A. MOURAT.	CAIRON.

Les 10,000 exemplaires tirés, plusieurs membres du Comité émirent l'idée de les distribuer à l'entrée des réunions publiques que les autres candidats donnaient. Ils s'offrirent même pour cette besogne, et chacun d'eux s'en acquitta avec un empressement, une ardeur que ne possèdent jamais ceux qui sont payés pour le faire. Alors que nous passions inaperçus, invisibles aux yeux des partis militants qui remplissaient la ville du bruit de leurs disputes malsaines et bruyantes, pendant qu'on annonçait avec fracas que Lavertujon avait été bonapartiste, et tandis que celui-ci couvrait les murs de placards, de protestations ; pendant que les polémiques se croisaient brûlantes ou idiotes, je voyais radieux, glisser de main en main, sans bruit, ce morceau de papier jaunâtre qu'on lisait avec avidité, qu'on relisait, qu'on faisait lire, et qui restait souvent, dans la cuisine des ménages pauvres, épinglé contre le mur. Le père de famille, l'enfant, la femme au cœur sensible le commentaient, et il me semblait entendre après les haut-le-cœur provoqués par la lecture des journaux diffamatoires, le brave travailleur dire gravement au cercle chéri du foyer domestique : « Je voterai pour Blanqui ! »

Voilà ce qu'on ignore : voilà ce qu'on ne veut pas, ou plutôt, ce qu'on ne sait pas comprendre dans ce monde brillant qui fabrique de la politique comme un enfant construit un château de cartes : voilà ce qui fait la gloire du peuple et qui provoque chez nous de saintes espérances.

Pendant la semaine qui a précédé le premier tour de scrutin, nous fîmes deux réunions privées : l'une, dans les Chartrons, le jeudi; l'autre, le samedi soir, veille de l'élection, dans le quartier de Bacalan. Même succès d'enthousiasme pour nos orateurs, même unanimité dans les acclamations qui accueillaient notre candidature.

Je ne donne pas ici le compte-rendu de ces séances, car ils n'ont pas été faits ; il me serait donc difficile de reproduire bien exactement les discours prononcés en ces circonstances ; je ne puis que donner, au point de vue général, une idée de l'argumentation particulière de chacun de nous.

Le jeudi soir, à la réunion de la salle d'Arnal, le père Larnaudie eut le premier la parole. Il présenta la candidature Blanqui comme résumant trois protestations. Entre parenthèse, il déclara que, jusqu'à ce jour, le peuple de Paris avait seul connu la valeur des protestations électorales et su les faire triompher. La première de ces protestations et la plus importante, disait-il, est celle que l'opinion publique doit faire contre le refus de l'amnistie plénière, et nul, mieux que Blanqui, ne saurait la personnifier. Il faut qu'un gouvernement qui s'affirme républicain sache céder à la volonté populaire, et s'il commet une faute, en refusant de prendre une mesure que la nation demande, il faut que le suffrage universel manifeste son improbation en amnistiant lui-même, par ses votes, ceux des proscrits ou des prisonniers que le pouvoir redoute le plus. La deuxième protestation porte sur le refus des poursuites à exercer contre les coupables du 16 Mai. Il est immoral et odieux ce spectacle du gouvernement de la République n'ayant pas assez de sévérité pour ses défenseurs, et pas assez de courtoisie, de faiblesse pour ses assassins. C'est plus qu'une platitude, c'est une lâcheté. Cela donnerait à croire que Mac-Mahon n'a cédé le pouvoir aux opportunistes que sous la condition formelle que ces derniers s'engageaient à ne poursuivre aucun des actes dont ces misérables s'étaient rendus coupables, et dont, en fin de compte, le peuple seul avait eu à souffrir. Souffre, pauvre peuple, paie pour souffrir, et quand tu croiras avoir envoyé, pour te faire rendre justice, des hommes de cœur et d'énergie, des hommes qui s'intitulent républicains et qui semblaient tenir dans leurs mains tes foudres vengeresses; alors qu'après avoir accompli ton devoir, tu te dis : le jour de la réparation et de la justice va sonner ; j'ai été digne et calme comme on me le recommandait, mes mandataires vont être sévères et justes comme ils me l'ont promis..... Qu'arrive-t-il ? Les seize-mayeux se retirent avec des millions; tes opportunistes demeurent avec le pouvoir. Ils sont nantis et contents ; tu es dupe ! — Et tu ne protesterais pas !

La troisième protestation, résumant les deux autres, consiste pour le peuple à manifester son mécontentement de ce que le gouvernement ait imposé ces deux mesures à la Chambre sous menace de perturbation ministérielle.

Tel est le thème sur lequel s'est étendu le plus souvent le citoyen Larnaudie, en y ajoutant des considérations générales et des critiques personnelles d'une exactitude irréprochable.

Le citoyen Bertin, je crois, ne préparait pas ses discours; avocat excellent, il parlait selon l'inspiration du moment, comblant les lacunes, développant des idées restées imparfaites, persuadant son auditoire de la nécessité qu'il y avait à réagir contre l'omnipotence d'un journalisme sans pudeur qui s'est toujours flatté de diriger l'opinion bordelaise. Particulièrement enthousiaste de l'excellent article de M. Weiss, rédacteur du journal des *Débats*, article où Blanqui peint par un adversaire politique, apparaît avec toute la dignité, toute la noblesse, toutes les aptitudes qui font l'honnête homme, l'apôtre ardent et le profond homme d'Etat, le citoyen Bertin a su tirer de l'appréciation de cet article les arguments les plus heureux pour la défense de la candidature. Comment ne pas se rendre à l'évidence, en effet, lorsque c'est un ennemi même qui parle, un ennemi qui a de la conscience et qui avoue dans sa bonne foi, que cet homme, dont il ne partage ni les idées ni les opinions, est une des plus vastes intelligences que le siècle ait produites, que sa bonté de cœur n'avait d'égale que la sincérité de ses convictions, pour lesquelles il avait tout sacrifié, sa liberté, ses études, une femme aimée, et qui ne lui ont donné en échange que l'amertume et le désespoir? M. Weiss termine ainsi son admirable récit :

» N'avoir d'autre consolation que de crier, chaque matin, à la foule inattentive, qu'on est soi-même le grand » homme et non point ces gens, dont l'apothéose déshonore la nation; puis, un beau jour, ne même plus se » plaindre, parce qu'on n'a plus de quoi payer le morceau » de papier sur lequel on imprimera sa plainte; se sentir » mourir inutile à son pays qui meurt. Ah! si l'enfer » existe, il doit être fait de sensations pareilles. Et ça » été l'existence de Blanqui. »

Pour ma part, je parlais le langage du cœur et m'attachais à remuer les passions, mobiles puissants qui peuvent souvent porter le peuple au paroxysme de l'enthousiasme et au plus haut point d'élévation morale, en ennoblissant et en grandissant toutes ses pensées.

La passion d'ailleurs, n'exclut pas le raisonnement, elle le colore, le fait pénétrer plus avant, et l'assied davantage dans le cœur de l'homme. La logique toute nue n'est pas à la portée de toutes les intelligences; la passion sans logique est ridicule et immorale. Les deux ensemble produisent des effets merveilleux et constituent ce qu'en éloquence on appelle le sublime.

Certes, si quelque chose est fait pour faire vibrer les cordes sentimentales, c'est sans contredit l'historique de la vie de cet homme dont nous prenions en main la défense ; c'est le spectacle des maux que tous les gouvernements lui ont fait souffrir en expiation de son profond attachement à la sainte cause de l'humanité et du droit, c'est le souvenir de ses tortures morales, lorsque pendant un an il souffrait dans les cachots l'agonie d'une femme aimée qui l'avait rendu père de deux enfants et qui s'éteignait dans les larmes, loin de lui, du désespoir d'être séparée de l'homme dont elle demandait à partager la destinée ; puis, quatre années, comme il le dit lui-même, quatre années d'un tête-à-tête éternel, dans la solitude de la cellule, avec le fantôme de celle qui n'était plus, tel a été son supplice, à lui, seul dans cet enfer du Dante. Il en est sorti les cheveux blanchis, le cœur et le corps brisé, et voilà qu'il entend retentir à ses oreilles ce cri poussé par les opportunistes de l'époque : mort au traître ! et lui de s'écrier : « Et c'est moi, que l'on accuse d'avoir livré mes frères à prix d'or, moi qui vis dans un grenier avec 50 cent. par jour ? et qui n'ai que 60 francs pour toute fortune..... Et c'est moi, triste débris, qui traîne par les rues un corps meurtri sous des habits rapés, c'est moi qu'on foudroie du nom de vendu, tandis que les valets de Louis-Philippe métamorphosés en brillants papillons républicains, voltigent sur les tapis de l'Hôtel-de-Ville, flétrissant, du haut de leur vertu nourrie à quatre services, le pauvre Job échappé des prisons de leur maître ! Ah ! fils des hommes qui avez toujours une pierre pour lapider l'innocent, mépris sur vous ! »

Ceux-là qui outrageaient cet homme de bien sont les mêmes opportunistes qui, aujourd'hui, l'appellent un héros d'idiotisme et nous assimilent, nous, ses défenseurs, aux bonapartistes, en réclamant contre nous et notre candidat l'application des lois du Bonaparte, lois au nom desquelles ils cassent les verdicts du suffrage universel lui-même.

Le samedi soir, veille du scrutin, le citoyen Jourde, électeur de la première circonscription, se joignit à nous, et a depuis pris la parole dans toutes nos réunions

Le citoyen Jourde parle sans prétention; il y a dans son langage une énergie et une virilité qui remplissent d'émotion ceux qui l'écoutent. On sent que ses paroles viennent du fond du cœur, sans apprêt, tranchantes comme une lame. Il est tellement convaincu lui-même, qu'il convainct; tellement énergique qu'il encourage et qu'il semble qu'on est plus fort après l'avoir entendu. Sa puissance consiste dans sa sincérité; il dit bien, d'ailleurs, et riposte aux interruptions de la façon la plus vigoureuse et la plus adroite.

Son thème favori fut que le prolétariat ne devait attendre de la bourgeoisie aucune concession qui ne fut forcée; qu'il était donc urgent de ne compter que sur ses propres forces et de protester, en votant pour Blanqui, contre les empiétements de cette caste dominatrice.

Telles sont, en résumé, les considérations révolutionnaires, politiques, sociales, humanitaires, qui furent développées dans les différentes réunions. Il est donc absolument faux de dire que nous n'avons fait appel qu'au sentiment, en tenant le drapeau de nos principes soigneusement caché. Les affirmations les plus hardies, les plus nettes, les plus socialistes, furent lancées du haut de ces tribunes populaires. Tout le monde les a entendues, tout le monde y a applaudi, et ceux qui ont voté pour notre candidat ont agi dans la plénitude de leur liberté, de leur conscience et de leur raison.

Il nous fallait un placard-manifeste qui condensât, non pas un programme définitif, la révolution ne se conclut pas, elle s'avance avec le progrès et nul ne saurait assigner de terme à sa marche vers la justice, mais plutôt un appel de protestations, un appel à l'opinion publique, un appel à la conscience du peuple que rien ne saurait souiller. De polémiques, nous ne voulions en entamer avec personne, notre cause était trop élevée, pour chercher à l'avilir et à l'abaisser.

Voici, tel qu'il a été accepté par le Comité, le placard que nous fîmes afficher dans les rues :

ÉLECTIONS LÉGISLATIVES DU 6 AVRIL 1879

Citoyens,

Il est un homme dont presque toute la vie s'est consumée dans les prisons pour expier son profond attachement à la cause de la République.

Des tribunaux exceptionnels, des Conseils de guerre l'ont, en 1872, condamné à la *détention perpétuelle*; non point qu'on lui repprochât aucun crime, mais, uniquement, parce que le 31 *Octobre* 1870 le peuple l'avait acclamé pour faire partie du nouveau *gouvernement provisoire* en remplacement des capitulards qui perdaient Paris en s'admirant.

On l'a condamné au mépris de la foi jurée, bien que les hommes de la *Défense nationale* : J. FAVRE, J. SIMON, GARNIER PAGÈS et TAMISIER, eussent promis d'une façon solennelle qu'il ne serait exercé aucunes représailles, aucunes poursuites à l'occasion des faits accomplis.

Aujourd'hui cet homme extraordinaire a 74 ans. Il y a plus de 40 ans qu'il traîne, de gouvernement en gouvernement, de cachot en cachot, son corps meurtri, son noble dévouement, et sa vaste intelligence.

Cet homme, ce *Républicain* vénérable c'est :

BLANQUI!

Il ne faut pas, citoyens, que la FRANCE ait, au front, cette tache : BLANQUI mourant dans les prisons de la République!

Si quelqu'un est digne de l'*amnistie*, c'est lui!

Quoi! nous assisterions impassibles à ce spectacle étrange : Les hommes du 16 *Mai* libres et BLANQUI dans les fers!

En l'acclamant, le peuple proteste contre cette détention cruelle, et, en face de cet arbitraire tribunal des grâces, oppose ce grand tribunal de l'opinion publique qui est celui de la justice et de la vérité.

Il n'y a que les ennemis de la République qui puissent avoir peur de lui.

A nous de lui ouvrir les portes de son cachot. Ne croyez pas que Blanqui élu, la Chambre des députés oserait faire au suffrage universel l'affront de lui renvoyer son mandataire.

A nous de le rendre à la liberté et de lui permettre de couler le peu de jours qui lui reste à vivre entre les saintes joies de la famille et la vénération de ses concitoyens.

A nous de substituer aux murs froids et nus de sa prison, l'horizon large, l'air pur, le soleil de la liberté.

A nous de le tirer de cette tombe où il est enterré vivant et de le rendre à la vie.

Nous le pouvons. Et, en le faisant, nous aurons accompli un acte réparateur, un acte d'humanité, un acte de justice.

En le faisant, nous aurons donné satisfaction à la conscience publique indignée; nous aurons doté la République d'un héroïque défenseur,

Nous aurons fait notre devoir!

CITOYENS,

Chacun de vos bulletins de vote sera un verdict. Que votre conscience vous guide.

VIVE BLANQUI !.. VIVE LA RÉPUBLIQUE !..

Pour le Comité :

CAIRON,	MOURAT,	PERBOS,
Président.	*Secrétaire.*	*Trésorier.*

Le siége du Comité Blanqui est situé rue Saint-Laurent, passage de la cité Bardineau, 1.

VII.

Journée du 6 Avril (1er tour de scrutin).

Des groupes nombreux stationnaient devant nos affiches; on les lisait avec intérêt, et ceux que n'aveuglaient pas les passions de la lutte, voyaient poindre à l'horizon et grandir à vue d'œil ce mouvement inaperçu, dédaigné, mais qui prenait à cause de sa dignité et de son à-propos des proportions inattendues.

Le matin du 6 avril, les électeurs de la circonscription se rendaient aux urnes électorales. Des citoyens, sachant notre détresse, étaient venus offrir gratuitement leur journée pour distribuer des bulletins Blanqui. Chacun était à son poste rivalisant de zèle et de dévouement. Les membres du Comité allaient, venaient, visitant les collèges électoraux et veillant à ce que les distributeurs ne manquassent pas de bulletins.

On nous raillait encore. Quelques-uns souriaient quand nous leur présentions le nom de notre candidat : « Pourquoi faire? disaient-ils, ce n'est pas sérieux, ce sont autant de voix perdues ; si vous arrivez au chiffre de 800 ou de 1000, estimez-vous heureux, etc., etc. » D'autres nous avouaient qu'ils voteraient bien pour Blanqui, s'ils croyaient qu'il eût quelque chance de succès, mais qu'ils étaient persuadés de l'inutilité de notre tentative... Ceux-là étaient les plus nombreux et il est certain que si les 3,272 électeurs qui votèrent pour Octave Bernard et Métadier se fussent douté du nombre de voix qu'allait obtenir Blanqui, la moitié d'entre eux auraient voté pour lui.

Nous ne perdions pas espoir. La parole donnée à la réunion de l'Athénée par Octave Bernard et Métadier, de s'effacer devant Blanqui, s'il avait un nombre de suffrages supérieur à chacun d'eux, nous donnait lieu d'espérer qu'arrivant le second, notre candidat demeurerait au deuxième tour de scrutin en présence de Lavertujon seulement. Nous attendîmes le résultat avec confiance. Nous avions accompli ce que nous considérions comme un devoir sacré, et quelle que dût être l'issue de la lutte, notre satisfaction intime ne pouvait en être diminuée.

L'heure fatale sonna enfin. Le dépouillement des urnes électorales commença et dès les premières poches, les proportions indiquées donnèrent la mesure de ce qu'allait être l'élection : Blanqui ! Blanqui ! Blanqui ! répétaient avec une joie bruyante les scrutateurs. De chaque section de vote, des citoyens poussés par l'enthousiasme, volaient à travers les rues pour apporter les résultats de leurs colléges respectifs. Les chiffres sont là, palpables, et déclarent avec cette éloquence muette qui n'appartient qu'aux chiffres, que :

Lavertujon a.....	4,665 voix.
Blanqui..........	3,700.
Métadier.........	1,708.
Octave Bernard....	1,564.

Les partisans de la *Gironde* se regardaient pleins d'inquiétude; ils avaient le succès relatif, mais ils sentaient qu'ils n'iraient point au-delà. Les amis de Métadier prenaient leur parti en braves, comme s'ils n'avaient eu qu'une foi médiocre dans le succès de leur candidat. Ceux d'Octave Bernard étaient attérés. Un candidat qui parle si bien et qui a fait, à lui seul, tous les frais des réunions publiques pour s'y faire entendre ! 1500 voix ! Eux qui comptaient peut-être sur la majorité absolue au premier tour. Le suffrage universel s'était évidemment trompé.

Au Comité nous étions pleins d'une joie enfantine. Nous nous serrions la main avec effusion; nous ébranlions le pauvre atelier du citoyen Ménard des cris de : « Vive Blanqui !.. » Un courage nouveau s'était emparé de tous les cœurs. Cette pensée de réhabilitation et de liberté n'était donc plus une illusion, elle prenait les formes d'une réalité saisissante. Il était donc bien vrai que nous allions le rendre libre, il était donc bien vrai que le peuple voulait secouer toutes ces tutelles intéressées, qu'elles viennent d'un journal ou d'une coterie; il était donc bien vrai qu'à un pouvoir arbitraire qui dit : « je ne veux pas », le suffrage universel se sentait assez de virilité pour répondre : « je le veux, moi ! »

Poursuivons la lutte, disions-nous, le succès est au bout. Poursuivre la lutte, mais avec quoi ? Le premier tour de scrutin venait de nous coûter cinq cents francs, et nos listes de souscription avaient à peine produit cette somme. N'importe, nous étions en trop beau chemin pour nous arrêter aux difficultés de second ordre. Il fut décidé qu'une affiche de remerciement aux électeurs serait apposée sur les murs de la ville. Cette affiche résume en peu de mots les sentiments dont nous étions pénétrés. La voici :

RÉPUBLIQUE FRANÇAISE

COMITÉ BLANQUI

Citoyens,

La grande voix du peuple vient de se faire entendre.

Sans journal, sans argent, privés de ces moyens de propagande qui semblent appeler le succès, nous avons, grandissant notre dévouement à la hauteur des sacrifices à accomplir et des difficultés à vaincre, présenté à vos suffrages la candidature du GRAND CITOYEN :

A. BLANQUI

En le faisant, nous comptions sur votre patriotisme, sur votre bon sens, et sur le sentiment généreux qu'inspire à tous les cœurs la *détention arbitraire* de cet illustre défenseur de nos droits méconnus.

Vous avez voté avec nous ; vous avez montré que vous savez être libres ; vous avez affirmé votre souveraineté, et vous vous êtes souvenus que ce vieillard, dont nous prenons en main la défense, est la personnification vivante de toutes les misères et de toutes les douleurs dont vous souffrez.

Le Comité vous remercie, et vous adjure de poursuivre, avec lui, le couronnement d'une œuvre si bien commencée.

Nous ferons notre devoir jusqu'au bout, et nous avons la certitude que vous ferez aussi le vôtre.

VIVE LA RÉPUBLIQUE !.. VIVE BLANQUI !..

Pour le Comité :

Le Secrétaire,	*Le Trésorier,*	*Le Président,*
A. Mourat.	Perdos.	Cairon.

Nota. — Le Comité a son siége : rue Saint-Laurent, passage Bardineau, 1.

VIII.

2e tour de scrutin

Changement de phase, attitudes diverses.

Les premiers mouvements furent l'étonnement, la stupeur chez les uns, une indicible joie chez les autres. Quoi de plus inattendu ! un écroulement subit venait de se produire : tous ces partis qui venaient de faire tant de fracas et qui semblaient s'être élevés si haut, étaient là gisant dans la poussière, et sur leurs débris venait de croître subitement une candidature, que la veille on n'apercevait pas à cause de son infimité, et qui aujourd'hui, apparaissait comme le point culminant de la lutte. Voir le bas-fond devenir le sommet, cela a toujours étonné les géologues ; voir les plus petits devenir les plus grands, les obscurs et les humbles se métamorphoser en ceux que l'on admire de loin, comme le phare qui guide le navigateur dans la tempête, telles sont les sensations produites par ce premier résultat. Toutes les conditions étaient changées : la *Victoire*, la *Gironde*, devaient prendre une attitude nouvelle ; les candidats et les Comités vaincus, revenus de leur premier effarement, combinaient le moyen de se retirer dignement de l'arène. Dans les provinces, à Paris, au gouvernement, dans les groupes politiques, partout enfin, les yeux se tournèrent sur Bordeaux et suivirent avec anxiété le développement d'un fait aussi étrange.

Procédons par ordre :

La *Gironde* ne chercha point à dissimuler son étonnement, elle l'avoua ingénument. Le corps électoral a été surpris, disait-elle, on s'est adressé aux sentiments généreux de la population bordelaise ; le premier mouvement a été celui du cœur, mais nous avons la certitude que, revenus à la froide raison, les électeurs abandonneront un sentimentalisme aveugle pour comprendre combien grande serait leur faute de vouloir persister à porter leurs suffrages sur un homme qu'aucun gouvernement ne satisfit jamais, et dont toutes les théories politiques sont le renversement de l'ordre établi. D'ailleurs, insinuait-elle, ce seraient autant de voix perdues, le respect de la loi ne permettant pas de le considérer comme éligible; puis, reprenant le ton caressant, elle se reposait, disait-elle, sur le bon sens de cette sage population bordelaise qui avait donné maintes fois les gages les moins équivoques de son attachement à la politique, sage, modérée, inaugurée par les Thiers et les Gambetta. A travers toutes ses supplications qui ne manquaient certes pas d'habileté, il était facile de démêler son inquiétude et sa rage; elle revendiquait pour son compte les voix obtenues par Octave Bernard et Métadier, prétextant que de l'union républicaine à la gauche républicaine il n'y avait de distinction qu'une nuance imperceptible, tandis qu'un abîme séparait les uns et les autres des excentricités révolutionnaires dont Blanqui était la sinistre personnification. Néanmoins, fort de ses 4665 voix, le parti de la *Gironde* se disposait hardiment à tenir la campagne.

Quelques jours après parurent dans les journaux, les lettres de Métadier et d'Octave Bernard, remerciant leurs électeurs et contenant leur désistement pour le 2e tour de scrutin.

IX.

Intervention des Parisiens.

De toutes parts nous vinrent les félicitations les plus chaleureuses; la *Révolution française* et la *Marseillaise* ouvrirent une souscription pour subvenir aux frais de notre candidature et déléguèrent à Bordeaux, l'une, le citoyen Massen; l'autre, le citoyen Lepelletier. Sachant, en outre, qu'aucun journal de la localité ne prenait en mains notre cause, ils nous envoyèrent chaque jour plusieurs centaines de leurs numéros que nous faisions distribuer.

Le pauvre *Prolétaire* ne délégua personne, ses moyens ne lui permettant pas de faire une pareille dépense, mais il ouvrit lui aussi une souscription en notre faveur et nous envoya chaque semaine cinq cents journaux.

Les citoyens Emile Gautier et Mijoul furent délégués par une réunion de socialistes parisiens pour venir se mettre à notre disposition.

Quant à l'intervention des députés de l'extrême gauche, je ne relèverait qu'un fait, qui est aujourd'hui de notoriété publique, et contre lequel n'existe aucune dénégation de la part des intéressés. Il paraîtrait que MM. Madier de Montjau et Naquet, que l'on a vus respectueux de la légalité au point d'immoler à leur respect des lois de l'empire le principe du suffrage universel lui-même, furent signataires d'un manifeste, dans lequel ils invitaient chaleureusement les électeurs bordelais à voter pour Blanqui, et que plus tard, cédant à je ne sais quel sentiment de vanité jalouse, ils abjurèrent leur tradition démocratique au point d'invalider un député pour lequel ils avaient fait campagne.

Telles sont, en résumé, les interventions parisiennes dont la *Gironde* a fait tant de bruit, et dont les plus précieuses, je l'avoue, furent les souscriptions qui nous permirent de faire face aux frais d'un 2e tour de scrutin.

Nos remerciments les plus sincères sont acquis à tous ceux qui essayèrent de nous aider, mais la vérité exige de faire la part exacte de leur influence et de ce qui revient à la vaillante énergie de la population bordelaise.

Nous reçumes, trois jours après le 1er tour de scrutin, une lettre de Mme veuve Antoine, sœur de Blanqui, dans laquelle cette dame nous exprimait toute sa reconnaissance pour les efforts que nous faisions en faveur de son malheureux frère. Le Comité en ayant voté l'impression et l'ayant fait distribuer à plusieurs milliers d'exemplaires, je la reproduis ici comme élément d'action, bien que les éloges qu'elle contient pour moi dussent m'engager au silence.

A MONSIEUR CAIRON, PRÉSIDENT DU COMITÉ BLANQUI

A Bordeaux

Monsieur,

Nous avons appris par la *Révolution Française*, avec autant d'émotion que de reconnaissance, vos efforts pour réaliser le plus chaleureux appel à la justice et à l'humanité en faveur d'Auguste Blanqui, mon frère, en le présentant aux suffrages des électeurs de la 1re circonscription de Bordeaux, par la fraternelle et généreuse initiative de votre Comité.

Aujourd'hui, notre joie est inexprimable, en voyant cette juste revendication acclamée par 3,700 voix, et je viens, au nom de mon frère, privé par la séquestration cellulaire du bonheur de vous parler lui-même, au nom de toute ma famille et au mien, vous exprimer pour vous même, Monsieur, pour les membres du Comité, et pour tous les électeurs, la vive et profonde gratitude dont nous resterons à jamais pénétrés pour cette éclatante manifestation de justice, qu'elle doive ou non couronner d'un plein succès, à l'avenir, vos magnanimes efforts.

Quelle dignité, quel esprit de noble dévouement, de véritable équité ! Quel cœur dans toutes les paroles prononcées à vos réunions, Monsieur, et quel honneur pour mon frère d'avoir inspiré de si admirables sentiments ! Dans la solitude sépulcrale de la prison, où depuis huit ans il est enseveli, quelle lumière va faire pénétrer pour lui cette nouvelle si consolante, et quel flot de vie va ranimer son cœur brisé par les souffrances physiques, mais toujours supérieur à l'adversité et palpitant du plus ardent amour pour le peuple et pour la République, sujets uniques et constants de toutes ses pensées ! Quel cher espoir aussi, ce peuple ne l'ayant pas oublié, de pouvoir peut-être le servir encore pendant les derniers jours d'une vie qui lui a été exclusivement consacrée !

Ah ! comme l'a dit M. Ernest Roche, qui s'est montré aussi éloquent que généreux, ce serait une joie sans égale pour mon frère de devoir la liberté à la grande, à la seule véritable justice, celle de l'opinion publique.

Merci donc à vous, Messieurs, d'en avoir appelé à cette justice suprême, de l'iniquité dont mon frère est la victime, lui, l'ardent patriote qu'a frappé la plus odieuse condamnation, parce qu'il a essayé le 31 octobre d'épargner, à la France, la honte de la défaite et du démembrement, et aux travailleurs, la misère dont ils sont accablés, pour subvenir aux charges que nous a léguée cette honte si peu méritée par leur héroïsme trahi ; lui, dont le but constant a été le triomphe du droit et de la vérité, qui a été payé de ses efforts et de l'inébranlable fermeté de ses convictions par 40 années d'une captivité, encore aussi étroite sous la République, pour laquelle il a tout sacrifié, qu'aux plus mauvais jours de la monarchie.

Puisse un destin moins rigoureux réserver à ses derniers jours l'immense consolation de se voir, et par votre justice, libre au milieu de tant de nobles et généreux amis, dont la sympathie ranimerait ses forces anéanties et compenserait ses inénarrables douleurs : Tel est notre vœu le plus cher.

Veuillez agréer, Monsieur, et offrir aux membres du Comité et aux généreux électeurs de Bordeaux, avec l'expression de notre profonde et vive reconnaissance, celle de notre parfaite considération.

Veuve ANTOINE née BLANQUI.
146, Boulevard de Montparnasse.

Paris, Mardi 8 Avril 1879.

X.

Face à face avec la « Gironde ».

Voici le dernier manifeste aux électeurs que nous fîmes afficher :

COMITÉ BLANQUI

Citoyens,

LA FRANCE ET L'EUROPE ONT, EN CE MOMENT, LES YEUX FIXÉS SUR BORDEAUX

Cette grandiose et pacifique manifestation que la conscience du peuple ose faire en faveur du plus glorieux de ses martyrs, étonne et stupéfie les réactions multicolores, autant qu'elle remplit d'une joie virile les républicains sincères.

Nos adversaires, ne pouvant amoindrir l'immense valeur de notre candidat, osent le déclarer inéligible en s'appuyant, d'une part, sur le jugement d'un *Conseil de guerre*, et, de l'autre, sur un décret de l'*homme du 2 Décembre*.

Nous les rappelons à la pudeur.

Cette allégation est une insulte au suffrage universel. La loi, qui n'est autre chose qu'une émanation de la volonté populaire, n'a pas le droit de dire à son maître : « Tu n'éliras pas cet homme » — Le suffrage universel est libre, essentiellement libre, et la Chambre des députés, qui tient de lui son existence, n'oserait le souffleter au point de lui renvoyer l'un de ses élus.

Ne croyez pas, citoyens, à cette objection que l'hypocrisie, la haine et la peur essaient de répandre. On ne fera pas au peuple l'affront de lui renvoyer son mandataire. Ce serait, en France, le scandale le plus inouï, et notre respect pour la probité bien connue du *citoyen* GRÉVY, Président de la République, nous donne la certitude qu'il obéirait immédiatement aux volontés du suffrage universel, si le suffrage universel lui disait : « Je veux que Blanqui soit libre !.. »

Libre ! Il le sera et c'est par nous qu'il le sera.

Que chacun de nous, citoyens, recueille sa petite part de ce triomphe et de cette gloire.

Que chacun de nous, pénétré du grand acte de justice qui va s'accomplir dimanche, s'élève au-dessus de toutes ces clameurs et de toutes ces manœuvres intéressées.

A ceux qu'un noble sentiment de réhabilitation et d'humanité dirige ;

A ceux dont le cœur saigne à l'idée de la séquestration cellulaire d'un homme de 74 ANS qui fut le compagnon de lutte et d'infortune des Barbès et des Raspail ;

A ceux dont la conscience se soulève au spectacle de voir les spadassins du 16 *Mai* libres et Blanqui sous les verrous ;

A ceux qui rêvent le rassérènement de la Patrie à l'aide de cette mesure d'apaisement et d'oubli : **L'AMNISTIE**, quelles qu'aient été au premier tour de scrutin leurs préférences personnelles, nous disons : votez pour

BLANQUI

VIVE LA RÉPUBLIQUE !.. VIVE BLANQUI !..

Pour le Comité :

CAIRON,	MOURAT,	PERROS,
Président.	*Secrétaire.*	*Trésorier.*

La tigresse de l'opportunisme, traquée dans son antre, bondissait; le jeune lion populaire, impassible, l'attendait.

Est-il possible que cette circonscription docile, cette proie qui paraissait ne devoir jamais nous être disputée, soit sur le point de nous échapper, pour tomber, non pas seulement entre les mains d'un de nos dissidents, non pas même entre les mains d'un radical qui eut pu, à l'occasion, devenir un Madier de Montjau quelconque; mais, suprême humiliation, nous échapper, pour s'élancer dans les bras du plus ardent révolutionnaire, de ce promoteur de toutes les luttes contre la bourgeoisie, de ce sinistre personnage avec lequel toute tentative de réconciliation est impossible ou non avenue, de ce Blanqui enfin dont le nom seul fait trembler les chefs de l'opportunisme; et se peut-il que cette sanglante injure nous soit faite par des hommes sans talent, sans notoriété, sans fortune, par des ouvriers que nous faisons travailler tous les jours pour un maigre salaire, et qui se rendent à leur réunion, à pied, comme des misérables, transportant eux-mêmes leurs lampes, leurs accessoires, et s'en revenant dans la nuit, sans voiture, crottés, railleurs, triomphants! Oh! cela ne sera pas! nous les écraserons sous le poids de notre puissance, nous les assiégerons à coups de louis d'or, nos journalistes et nos avocats rédigeront des manifestes sous lesquels ils seront accablés, nos comparses se mettront en campagne pour les détourner ou leur faire commettre des fautes dont nous saurons profiter; et au besoin, notre grand cheval de bataille, la calomnie savamment aiguisée, ira percer leur cœur de bronze et répandre dans la blessure ce poison qui les tuera.

Ainsi rugissait la tigresse.

Jeunes, vaillants, mais sans expérience, nous fûmes un moment surpris par des attaques dont la violence et la mauvaise foi nous indignaient. Tout pour la *Gironde* devint arme de guerre. Nous n'étions pas accoutumés aux luttes de ce genre. Les coups dont on nous frappait nous étourdissaient moins que la manière perfide de les porter. Nous avions la naïveté de croire à la franchise de notre adversaire. C'est à visage découvert que nous entrions dans l'arène, l'opportunisme avait un masque.

Les discours de nos orateurs, au lieu d'être considérés dans leur ensemble et réfutés par une démonstration contraire, étaient torturés, tronqués, faussés, on en prenait une phrase décousue, sans dire dans quel ordre d'idées elle était placée; et de ce lambeau déchiré on en faisait une torche rouge pour épouvanter le public.

On comparait Blanqui avec Bazaine!

On envoyait au Comité certains émissaires provocateurs, chargés de recueillir les paroles imprudentes que des hommes loyaux laissent quelquefois échapper dans le feu de la discussion.

Jamais la doctrine de l'opportunisme ne s'était montrée sous son véritable jour comme en cette circonstance. Nulle discussion de principes; de ce côté-là il sentait son impuissance. La Révolution est une source de lumière de laquelle jaillissent toutes les vérités et qui montre aux peuples le chemin de la justice. L'opportunisme est un abîme de perfidies. Sa théorie, ainsi que son nom l'indique, se résume en ces mots : la fin justifie les moyens.

On nous peignit avec les couleurs les plus sombres. On fit de nous des Croquemitaines, des incendiaires, des mangeurs d'enfants; et, tandis que nous occupions utilement nos journées à gagner le pain de la famille, et que, le soir venu, nous nous délassions à caresser les blondes têtes de nos petits chérubins, ces Machiavels de bas étage passaient leur temps à combiner les moyens de nous noircir davantage et machinaient sous le manteau de la cheminée leurs petites intrigues. Et c'est là ce qu'on appelle des hommes intelligents! de profonds politiques?... O peuple! combien ton gros bon sens t'élève au-dessus d'eux!

Toutes leurs affiches, toutes leurs polémiques ne sont que des injures : Ennemis des Jules Grévy et des Gambetta ! apologistes de la Commune ! violateurs de la loi ! compères des Cassagnac, énergumènes, etc., etc..... Ces diatribes pleuvaient sur nous comme grêle.

Que faire ? Réfuter pied à pied ? Se taire ?... Répondre, c'était s'avilir ; se taire, c'était se cacher. En quelques mots, sur un petit placard, nous avons opposé à toutes leurs charlataneries un simple avis aux électeurs. Le voici ; nous avions essayé de le faire aussi digne que leurs provocations étaient misérables :

COMITÉ BLANQUI

Citoyens,

Non contente d'invoquer contre le malheureux BLANQUI la sentence d'un *Conseil de guerre* et le décret de l'*homme du 2 Décembre.*

La *Gironde* essaie de répandre sur notre candidature, à l'aide de lettres de complaisances, et d'articles haineux, toutes les calomnies dont elle a l'habitude d'accabler ses adversaires.

On la connaît depuis longtemps et les électeurs de Louis MIE et SIMIOT sont là pour se rappeler la valeur morale de ses allégations.

Nous ne répondrons pas à ce genre de polémique et nous engageons les électeurs, soucieux de la dignité de l'acte solennel qu'ils ont à accomplir dimanche, à se tenir en garde contre toutes ces manœuvres de la dernière heure, d'où qu'elles viennent.

Ils feront acte de bon sens et de liberté, en dédaignant les inspirations d'un journalisme rétrogade qui s'est toujours flatté de conduire c'est-à-dire d'égarer l'opinion.

Pour le Comité :

Le Président,	*Le Secrétaire,*	*Le Trésorier.*
CAIRON.	A. MOURAT.	PERBOS.

XI.

Période héroïque, nos réunions.

Jamais, peut-être, depuis que le suffrage universel existe, on n'avait assisté à un déchaînement pareil de tout ce que le cœur de l'homme renferme de passions, d'amour, de crainte, d'espérance, de haine, d'enthousiasme. C'était le sujet de toutes les conversations, la note à laquelle venait s'accorder le diapason de tous les journaux. Des paris s'établissaient, des querelles s'élevaient, un fils déclarait ouvertement à son père opportuniste que si Lavertujon pouvait, mieux que Blanqui, représenter les intérêts de la bourgeoisie, ce dernier paraissait mieux répondre aux aspirations généreuses, aux nobles sentiments qui sont les mobiles auxquels la jeunesse sacrifie de préférence, et il avouait ingénument au grand scandale du père indigné qu'il voterait pour Blanqui. Les femmes, les enfants partageaient la fièvre populaire, et le citoyen Emile Gautier se rappelle, sans doute, qu'un jour, étant avec moi, un groupe de gamins qui jouaient aux boules et qui, selon toute vraisemblance, nous prenaient pour des partisans de la *Gironde*, nous apostrophèrent des cris : vive Blanqui! à bas Lavertujon !

Chez la femme, être essentiellement porté à l'amour, le sentimentalisme était excité dans ce qu'il a de plus noble : l'attachement au malheur. La dépravation bourgeoise n'a pas gagné nos ménagères et nos jeunes filles. Le cœur est resté virginal, et les lectures immorales des *Dames au Camélia* ou de *Mlle Giraud, ma femme*, n'ont pas souillé leur âme. La femme du peuple est toujours femme. Le travail et les occupations multiples du ménage l'empêchent d'égarer sa pensée dans ce monde des illusions malsaines et lui sont une garantie de la pureté de ses mœurs. Toute d'élan, possédée d'une pitié touchante, elle garde pour ce qui souffre la première place dans son cœur. La passion féminine eut donc pour idéal et pour héros Blanqui. C'est beaucoup quand les femmes sont de la partie, les capucins le savent bien, eux qui fondent sur elles leurs plus dangereuses espérances. Tout le monde avait, ou avait eu un grand-père, vieux, cassé, courbé sous le poids des années et des souffrances, on se le rappelait ou on le voyait assis sur un banc au soleil, son bâton à côté de lui, son visage ridé, ses cheveux blancs, sa main parcheminée, sans défense, l'œil vague et qui semblait plutôt ouvert pour le monde de ses souvenirs que pour les réalités qui s'agitaient à son entour. Ainsi se figurait-on Blanqui. Pauvre homme, 74 ans! quarante années de prison, comme il a dû souffrir! Et l'on a le courage de lui refuser sa liberté, de vouloir le laisser terminer sa pauvre existence entre les murs froids et nus d'une cellule de prison! Qu'a-t-il donc fait?... Pourquoi n'use-t-on pas d'une sévérité pareille à l'égard des coupables du 2 Décembre, ou des coupables du 16 Mai?.. il y a donc plusieurs justices?.. on le craint donc bien!.. Ces gens-là n'ont pas d'entrailles, nous enseignons à nos enfants le respect de la vieillesse et ils nous apprennent à la mépriser et à la maudire... Crois-moi, mon homme, il faut voter pour Blanqui. Ah! si je n'étais pas une femme..., etc., etc.

Opportunistes! voilà comment se traduit la justice du peuple. Tous vos discours ne valent pas une de ces paroles naïves et vraies.

Dans les Chartrons, à Bacalan, l'enthousiasme était poussé jusqu'à la fureur. On appelait « Lavertujon » celui qu'on voulait injurier, chaque coin de rue était un club. — Les listes de souscriptions faisaient merveille. — On se donnait rendez-vous pour le dimanche jour de l'élection. — Dans les ateliers, c'était navrant. Une terreur muette régnait. Beaucoup de citoyens avaient été jetés à la porte pour s'être occupés de politique. Les journaux autres que la *Gironde* ou le *Petit Caporal*, étaient sévèrement proscrits. Les ouvriers se taisaient par prudence. Le négociant rôdait autour d'eux, farouche ; le contre-maître espionnait; terrible situation, avoir le cœur et l'esprit plein d'une pensée et, tout un jour, falloir se taire de crainte de perdre par un mot le pain de sa famille. Oh! oui, j'ai été témoin de ces impatiences douloureuses, de ces larmes refoulées, de ces crispations que l'on cache sous un sourire; j'ai vu de vieux ouvriers, la casquette à la main, tandis que leur sang bouillait de colère aux insultes d'un jeune muscadin qui portait Lavertujon dans sa poche et qui les menaçait de leur ôter leurs journées s'il s'apercevait de la moindre propagande. Je les ai vus pleins de la pensée de leurs enfants, garder pour eux tout seuls cette coupe d'infamie dont on se plaisait à abreuver leurs consciences républicaines.

Mais aussi, quelle exaltation, à la sortie, le soir! Ah! gredin, c'est ainsi que tu nous mènes! que ne puis-je voter deux fois pour Blanqui! — Je connais un employé de maison, qui n'avait jamais voulu voter, et à qui son patron commanda d'aller déchirer une affiche de Blanqui qu'on venait d'apposer sur le mur de sa maison. Ce procédé indigna tellement ce jeune homme, qu'il alla immédiatement chercher sa carte d'électeur et vota pour Blanqui.

Tant il est vrai que rien ne sert mieux la Révolution que ses ennemis mêmes.

Les manifestations les plus éclatantes eurent lieu dans les réunions du 2e tour de scrutin. Je ne me sens pas le talent de décrire l'enthousiasme que les citoyens mirent à répondre à nos appels. Aucune salle n'était assez vaste. La première réunion eut lieu dans un local de la rue Saint-Bruno. Il y avait du monde partout. On faisait gradin d'une poutre, d'un bout de bois, d'une planche suspendue, de tout. Il fut impossible de fermer les portes, et il y avait autant de monde dehors que dedans.

Un incident heureux signala cette séance. Le citoyen Métadier vint, aux applaudissements répétés de la salle, confirmer les termes de sa lettre de désistement, et engager les électeurs qui l'avaient honoré de leurs suffrages, à voter pour Blanqui.

La seconde réunion eut lieu dans la grande salle de l'Alhambra. Plus de cinq mille personnes étaient entassées dans ce vaste local; plus d'un millier durent rester dehors. D'où venait cet entraînement? On savait bien, pourtant, que Blanqui n'était pas là. Pas un homme éminent ne devait prendre la parole; le citoyen Bertin même était absent, et cependant, quel recueillement! quel silence! quelle frénésie! Disons tout : quelle intolérance! Un ennemi avoué de la candidature Blanqui eût été mal accueilli, aussi ne s'en présenta-t-il aucun. Des larmes d'attendrissement coulèrent à l'audition de la vie de ce martyr que toutes les réactions avaient flétri et que nous entreprenions de réhabiliter par nos votes. L'ordre le plus parfait, le calme le plus religieux présidèrent à cette immense assemblée. Chacun se retira plein du sentiment intime qu'il venait d'éprouver, et bien petit fut le nombre de ceux qui demeurèrent insensibles.

La troisième réunion fut faite dans Bacalan; même empressement qu'aux deux autres, on était debout, attentif, et le citoyen Bertin, réfutant un à un, point par point, le placard opportuniste qui nous diffamait, n'eut jamais un si beau triomphe; jamais sa parole n'avait été aussi colorée, ardente, flagellante. Il emporta le succès de la soirée avec une verve, un entrain, un esprit que beaucoup ne lui connaissaient pas.

Le samedi soir, 19 avril, veille de l'élection, une foule considérable se pressait aux portes de l'Alhambra. Il bruinait; les citoyens arrivaient en file de tous les côtés, la salle était déjà comble qu'il en arrivait toujours. Plus de cinq mille personnes, assises, debout, adossées aux portes, pressées, mal à l'aise pour la plupart, avaient voulu assister à la dernière réunion offerte par le Comité Blanqui. L'effet était magique. L'éclat des lumières, l'animation des visages, l'émotion mal contenue que chacun éprouvait, tant d'hommes réunis en un même lieu avec une pensée commune, les conversations particulières qui précédaient l'ouverture de la séance, les journaux qu'on lisait et qu'on commentait, tout cela donnait à ce tableau quelque chose de grandiose et d'effrayant en même temps.

Le secrétaire, le citoyen Mourat, commença par la lecture des lettres et télégrammes d'encouragement qui, de tous les points de la France et même de l'étranger, arrivaient à notre adresse. Chacun de ces documents était salué des applaudissements de l'assemblée. Mais, où l'enthousiasme devint inexprimable, c'est lorsque, déployant une dépêche bizarrement écrite, le secrétaire lut ces mots :

« Rome », le 12 avril 1879.

A ce mot de « Rome », ce fut comme un tonnerre d'applaudissements.

Voici la dépêche que le lendemain matin on fit apposer sur les murs de la ville :

Rome, le 12 avril 1879.

A mes frères de la démocratie de Bordeaux.

Je vous recommande BLANQUI, le martyr héroïque de la liberté humaine.

G. GARIBALDI.

Les applaudissements reprirent avec frénésie après l'énoncé de la signature.

Un courant électrique avait passé du public dans les orateurs, et jamais, dans aucune autre réunion, les défenseurs de la candidature n'eurent plus de verve et ne furent mieux inspirés que pendant cette soirée.

Le citoyen Jourde eut des moments d'une éloquence et d'une énergie remarquables.

« Et c'est nous qu'on accuse d'être soutenus par des bonapartistes ! nous ! Est-ce que la *Révolution française* est un journal bonapartiste ? Est-ce que la *Marseillaise*, le *Prolétaire*, sont des journaux bonapartistes ? Est-ce que Garibaldi est bonapartiste ? A chacune de ces phrases interrogatives, le public répondait en masse par un

« Non ! » vigoureux. Mais, à la dernière, il y eut explosion. L'indignation contre les auteurs d'une accusation aussi stupide se traduisit, au bénéfice de l'orateur, par de formidables protestations. Le citoyen Jourde se surpassa et je vis le moment où, dominé par sa propre émotion, la parole lui manquait presque et il fallut que la véhémence de ses gestes et l'attitude de toute sa personne y suppléât.

Le père Larnaudie, parla un peu sur toute chose, et, ne se gêna point pour dire que la manifestation en faveur de Blanqui était une manifestation toute révolutionnaire. Abordant les questions économiques, il jeta hardiment ces paroles de Proudhon : « Oui, la propriété abusive, exploitante, telle qu'elle existe n'est autre chose que le vol organisé et légal..... » Le langage pittoresque et hardi de ce *paysan du Danube*, provoqua des sentiments divers dans cette immense assemblée.

Après le père Larnaudie, le citoyen, Marcouyen électeur de la circonscription, vint lire un petit discours qui ne laissa pas de valoir à son auteur les applaudissements de l'assemblée.

Ce fut à mon tour, et le cœur rempli d'émotion j'abordai la tribune, pour la dernière fois, dans cette période mémorable, j'essayai de faire le résumé de notre conduite pendant la lutte électorale ; j'en appelai à la conscience des électeurs, et leur demandai s'il était vrai que nous n'eussions fait appel qu'aux mauvaises passions du peuple, comme on avait le front de nous en accuser, si au contraire nous ne nous étions point toujours adressés à cette plus noble portion de l'être humain qui est à la fois sa raison et sa conscience.

Après quelques développements sur notre manière de soutenir la lutte, j'établissais le parallèle de notre conduite et de celle de notre adversaire. Je fis ressortir tout l'odieux de ses moyens, et rappelai à la mémoire des auditeurs le souvenir du célèbre citoyen Louis Mie, alors que, comme nous, pauvre et dénué de tout, il quitta ses affaires de Russie pour se rendre à l'appel des électeurs de la 2e circonscription, et eut à soutenir contre la *Gironde* la guerre la plus perfide, la plus acharnée. Attaqué dans son honneur, dans ses affections, dans son enfant même, je le montrai exaspéré, allant demander raison de toutes les calomnies dont il était l'objet, et subissant cette suprême douleur de ne pouvoir tirer aucune satisfaction d'ennemis, dont le courage consiste le plus souvent à frapper par derrière ceux que rien ne protége et à disparaître, selon la doctrine de l'école, au moment *opportun.*

« Ce n'est plus contre Mie, disais-je, que la *Gironde* aiguise ses armes, et dirige ses attaques les plus furieuses, c'est contre un vieillard sans défense, contre un républicain, le plus vénérable des républicains. — Ce n'est pas assez que toutes les monarchies l'aient torturé, emprisonné, martyrisé, elle voudrait ajouter encore à toutes ses souffrances ; elle frappe un ennemi par terre, elle s'acharne, nouveau *Don Quichotte,* contre les murs d'une cellule, elle lui donne au front le coup de pied de l'âne, elle écume de rage en voyant le peuple au cœur généreux tendre une main amie à celui que toutes les tyrannies ont foulé aux pieds, elle répand autour de lui la baye de sa calomnie, elle l'insulte, elle donne tous les jours des soufflets sur les joues d'un homme qui a les pieds et les poings liés ! Mais elle oublie donc, la *Gironde,* que demain, demain ! à l'heure qu'il est, le peuple aura répondu par un verdict formidable à toutes ses infamies ; mais elle oublie donc que demain, demain ! chacun de nos bulletins de vote, portant le nom de Blanqui, et il y en aura des milliers ! chacun de nos bulletins criera : « rédacteurs de la *Gironde,* vous êtes des lâches ! ! !..... »

5,000 consciences ratifièrent ces paroles ; il y eut unanimité pour y applaudir.

Enfin, le citoyen Emile Gautier, venu de Paris pour assister au spectale qui étonnait le monde politique, obtint la parole pour remercier les électeurs bordelais.

Ce fut un couronnement bien digne d'une soirée aussi chaude. Jamais parole plus élégante, conviction aussi sincère, expressions aussi heureuses, langage aussi fleuri n'avaient été mis au service d'une cause si juste. La voix de l'orateur, sa physionomie, son attitude, sa jeunesse, toute sa personne enfin inspirait une sympathie dont on ne pouvait se défendre. Ce n'est pas des conseils qu'il venait donner à Bordeaux de la part de Paris, Bordeaux n'en avait pas besoin, il montrait au contraire combien, sans le secours de personne, il avait su s'élever au premier rang des villes démocratiques; c'était le tribu d'admiration, de remerciments, d'encouragements qu'il venait offrir, c'était une poignée de mains fraternelle, qu'à travers les distances, les hommes d'une même idée s'offraient de tous les points de la France. « Après avoir été la victime des principes révolutionnaires pour lesquels il a toujours combattu, après avoir été le martyr du peuple, grâce à votre vote de demain, Blanqui en sera désormais le drapeau. »

Ainsi se termina cette réunion qui laissera, j'en suis sûr, dans l'esprit de ceux qui y ont assisté, un souvenir ineffaçable. La tourmente était finie. Il ne restait plus qu'à attendre le verdict que le suffrage universel allait rendre.

Pendant toute la seconde période électorale, Lavertujon et son clan s'étaient prudemment retirés dans leurs taupinières. Pas une réunion ne fut donnée par eux. Leur action s'était produite sous trois formes : diffamations dans leurs journaux et sur leurs affiches, visites domiciliaires en compagnie des compères Counord et autres, ayant pour objet de quêter de porte en porte, d'atelier en atelier, des suffrages qu'on espérait obtenir par l'intimidation ou par des promesses. — Enfin, préparation d'un banquet en l'honneur de la victoire qu'ils allaient remporter.

Notre rôle était rempli. Ce que nous considérions comme un devoir, nous l'avions fait. Au corps électoral et à la Chambre des députés à faire le leur.

Le corps électoral n'y a pas failli.

XII.

20 avril (2e tour de scrutin).

Assez de commentaires, place aux chiffres :

Résultat :

BLANQUI 6,801
LAVERTUJON 5,330

Les opportunistes avaient consigné les troupes, et derrière leurs baïonnettes, tandis que personne ne songeait à les menacer, ils étaient consternés, immobiles, muets.

XIII.

A qui le dernier mot ?...

Blanqui élu par 6,801 suffrages vient d'être invalidé par la Chambre des députés. Pourquoi? Y a-t-il eu irrégularité dans l'élection?... Y a-t-il eu pression exercée sur le suffrage universel?... Y a-t-il eu fraude dans les opérations électorales?... Non, mille fois non! Le peuple a-t-il agi librement, spontanément, délibérément. Certainement oui. Le peuple a réfléchi 35 jours avant de prononcer son verdict suprême, le pour et le contre s'est produit, au grand jour, aucun argument n'a été oublié, on n'a corrompu personne avec de l'argent ou des promesses, donc, jamais élection ne fut plus digne d'être respectée par des républicains.

Qu'est-ce donc qui a entraîné les hommes de la Chambre à poursuivre de leur haine et de leur colère le député de la 1re circonscription de Bordeaux? Qu'est-ce? Le respect de la loi. — De quelle loi? d'une loi de l'empire. Jamais, sous aucun régime, le suffrage universel n'avait reçu un pareil affront.

Ce gant jeté à la face du peuple, il importe que les électeurs bordelais le relèvent. Le citoyen Blanqui est de nouveau candidat de la 1re circonscription. Contre lui, toutes les manœuvres vont être employées, toutes les mesures vont être prises; il en est une qui a déjà soulevé l'indignation. On pouvait amnistier Blanqui, qu'un conseil de guerre avait condamné au mépris du droit des gens et de la foi jurée, et que le suffrage des électeurs venait de réhabiliter. On ne l'a pas voulu, et cet homme que la justice du peuple avait élevé au plus haut point qu'un citoyen puisse atteindre, cet homme que le suffrage universel avait décoré de sa confiance et de son estime, les réactions bourgeoises coalisées, monarchiens, orléanistes, opportunistes et cléricaux, en ont fait un flétri que la société repousse, que la police surveille et qui est condamné à finir en paria son existence tourmentée. N'ayant pu le tuer dans sa personne à force de persécutions et de tortures, on l'a tué dans ses droits de citoyen.

Mort civile ! telle est la condamnation terrible qui pèse sur lui. Pendant ce temps, les auteurs de la guerre de 1870 se pavanent sur les fauteuils du Sénat et de la Chambre.

Ce n'est pas Blanqui seulement qu'un pareil outrage vient d'atteindre, c'est le peuple tout entier qui l'avait élu son représentant.

Il faut que cette inique sentence soit étouffée sous nos bulletins de vote. Nous faisons appel à tous ceux qui ont une conscience républicaine, à tous ceux qui ont le sentiment de la dignité du principe de la représentation nationale.

Mais quels obstacles on va semer sur nos pas ! Quelles difficultés il nous faudra vaincre! Quels piéges on va nous tendre! de quels réseaux de lois on va nous entourer! N'importe ! notre dévouement et notre énergie grandiront à proportion que la pression sera plus forte; chacun des 7,000 électeurs se fera champion et propagateur de la cause; les manifestes qu'on nous interdira d'afficher, nous les distribuerons de la main à la main; les bulletins de vote qu'on nous empêchera de distribuer à la porte des collèges électoraux, nous les répandrons à profusion dans les masses, et le jour du scrutin, sans qu'il y ait eu apparence de lutte, les dix mille protestations acclameront de nouveau député le flétri de l'opportunisme.

On ose dire à cela : il ne sera tenu aucun compte des bulletins portant le nom de *Blanqui*. Ce serait curieux à voir. Figurez-vous Lavertujon élu à 5,000 voix de minorité ! Il n'y aurait pas de démonstration plus claire que le suffrage universel n'est autre chose qu'un marchepied pour monter au pouvoir, et qu'on repousse vigoureusement dès qu'il prétend servir à un autre usage. Il serait bon que la chose se produisît ainsi, les masques seraient arrachés et les travailleurs, subitement éclairés, reconnaîtraient enfin de quel côté sont leurs amis et de quel côté sont leurs adversaires.

Si Blanqui élu une deuxième fois se voyait extorqué par un autre la place que la souveraineté du peuple lui aurait assignée, c'est à la France tout entière que nous en appellerions, et partout où une circonscription serait vacante, il faudrait que le mot d'ordre fut de l'y présenter.

Acclamé à la fois par sept ou huit villes de France, peut-être aurait-on la pudeur de tenir compte d'une manifestation aussi universelle.

La tâche que nous avions entreprise, citoyens, était non-seulement de protester contre le refus de l'amnistie plénière, non-seulement de secouer le joug d'une oligarchie bourgeoise qui devient tous les jours plus menaçante, mais aussi, cette tâche consistait à rendre la liberté complète à un homme que la réaction victorieuse de 1871 avait cru ensevelir à jamais dans un cachot.

Une partie de notre œuvre est accomplie : Blanqui est matériellement libre, il a la liberté animale avec laquelle il peut à peine se déplacer sous la surveillance policière, mais il n'a pas la liberté d'un homme, d'un citoyen, du plus chétif d'entre nous. Nous ne pouvons nous arrêter à moitié chemin, il faut que Blanqui redevienne un homme complet, il faut que la volonté populaire ait plus de poids dans une *République* que la volonté de sept ou huit bonapartistes déguisés en officiers dans un conseil de guerre, il faut que le peuple ait raison, il faut que ses mandataires obéissent. Il n'y a pas de honte à obéir au suffrage universel. Quoi! les mêmes hommes qui courbent doucement la tête devant l'arrogance d'un Sénat rétrograde, et qui ne répugnent pas à une telle faiblesse, rougiraient d'avoir à subir la volonté du peuple souverain?.. Allons donc! où sont donc les principes?.... S'il est des gens qui les oublient, s'il est des gens qui méconnaissent leur devoir, il ne faut pas oublier que le nôtre, citoyens, est de poursuivre l'œuvre de réhabilitation et de justice que nous avons entreprise; il ne faut pas oublier que nous défendons celui qui nous a si souvent défendus; il ne faut pas oublier que nous protégeons en ce jour le faible contre le fort, l'opprimé contre l'oppresseur, il ne faut pas oublier enfin que notre cause est celle de la justice, et que la déserter en ce moment serait une lâcheté dont aucun de nous n'est capable.

Bordeaux, le 14 juillet 1879.

Ernest ROCHE.

Bordeaux. — Imprimerie Moderne FAURE, rue des Augustins, 21.

www.ingramcontent.com/pod-product-compliance
Lightning Source LLC
Chambersburg PA
CBHW072019290326
41934CB00009BA/2127

* 9 7 8 2 0 1 9 1 6 9 8 4 8 *